Eva Rüscher · Riesengroße Fensterbilder zur Weihnachtszeit

EVA RÜSCHER

RIESENGROSSE FENSTERBILDER ZUR WEIHNACHTSZEIT

MIT VORLAGEN IN ORIGINALGRÖSSE

Christophorus-Verlag · Freiburg i. Br.

Inhaltsverzeichnis

Fensterbilder zur Weihnachtszeit

Eigentlich fängt sie schon im November an, die schöne gemütliche und geheimnisvolle Zeit. Dann nämlich, wenn zum St. Martinstag die Laternen gebastelt werden.

Die Tage sind nun kurz, und auch das Wetter lockt uns in der Regel nicht mehr nach draußen. Um so mehr Freude macht es, Dinge anzufertigen, die Wohnung und Fenster für die bevorstehende Advents- und Weihnachtszeit schmücken. Nicht zu vergessen die vielen Gelegenheiten, zu denen man mit selbst angefertigten Fensterbildern Freude machen kann.

Die ganz Eifrigen, die Weihnachtsbasare bestücken, sind ja schon länger dabei, und die Erfahrung zeigt, daß die Nachfrage bei diesen Veranstaltungen immer wesentlich größer ist als das Angebot.

In diesem Buch finden Sie Fensterbilder zur Advents- und Weihnachtszeit, die traditionelle Symbole dieser Zeit darstellen. Der Adventskranz geht auf den heidnischen Ringzauber zurück: Kränze aus geflochtenem Stroh brachten Segen und wehrten Unheil ab. Deshalb wurden diese Zauberkränze zusätzlich mit roten oder goldenen Bändern – als Farben des Lichtes und des Lebens – umwickelt. Johann Heinrich Wichern, der Begründer der Inneren Mission und des Rauhen Hauses in Hamburg, machte daraus den Adventskranz, indem er zunächst bei Andachten an jedem Abend eine Kerze entzündete, dieses dann später auf die vier Adventskerzen für die vier Adventssontage reduzierte.

Der Nikolaus, als Symbol für den Bischof von Myra, der wegen seiner vielen Wunder und seiner

Freigebigkeit verehrt und geliebt wurde, bringt in seinem dicken Sack viele Überraschungen für die Kinder.

Die Christrose soll an die Blüte Jesse erinnern, die mitten im Dunkel der unerlösten Welt aufblühte. Die Stechpalme wird mit ihren stacheligen Blättern als Symbol der Dornenkrone und die roten Beeren als Blutstropfen Christi angesehen. Den Mistelzweig umhüllt Geheimnisvolles, da er nicht wie fast alle anderen Pflanzen im Boden wurzelt, sondern auf Bäumen nistet. Heute schenkt man die Mistel als Freundschaftssymbol weiter. Mädchen, die darunter stehen, dürfen geküßt werden.

Das Rotkehlchen zählt in England zu den Tieren der Weihnachtszeit. Die Legende erzählt, daß das Rotkehlchen dem Herrn am Kreuz einen Dorn aus der Stirn zog, sich selbst dabei verletzte und seither den roten Fleck auf der Brust trägt.

Schon seit dem 11. Jahrhundert gibt es einfache Darstellungen von Christi Geburt in Kirchen und Klöstern. 1223 hat Franz von Assisi ein lebensgroßes Wachsabbild des Christkindes in eine Krippe gelegt und lebende Tiere dazugestellt. Wie die Hirten damals pilgerten Nachbarn zu der mit Kerzen erleuchteten Krippe, die Vorbild für Krippenspiele und Krippendarstellungen wurde.

Der Weihnachtsbaum, der ebenfalls heidnischen Ursprungs ist, wurde in der von Martin Luther geprägten Reformationszeit zum Weihnachtssymbol der Protestanten, so wie die Krippe zur katholischen Weihnacht gehört. Erst im 19. Jahrhundert wurde er zum Weihnachtssymbol beider Konfessionen.

Die Sternsinger ziehen am Vorabend des Dreikönigstages durch die Gemeinden, singen ihr Lied, und sammeln Geld für einen wohltätigen Zweck.

Damit Ihnen die Möglichkeit, auch nach Weihnachten Ihre Fenster noch dekorieren zu können, erhalten bleibt, habe ich verschiedene Winterbilder gestaltet. So können Sie, bei unseren eher mediterranen Wintern der letzten Jahre, doch noch ein wenig weißen Zauber an die Fensterscheiben bringen.

Viel Spaß dabei wünscht Ihnen

Eva Rüscher

Das Material Papier

Am 24. Juni 1390 nahm in der Gleißmühle, am Rande der heimlichen Reichshauptstadt und damaligen Wirtschaftsmetropole Nürnberg, die erste Papiermühle auf deutschem Boden ihren Betrieb auf. Hochbegehrt war der neue „Beschreibstoff" von Kanzleien, Fürstenhöfen, Städten und Kontoren, die sich bisher aus 30 Papiermühlen in Oberitalien und Südspanien versorgen mußten.

Nicht nur hochbegehrt, auch überaus kostbar war damals das Material Papier, zumal auch der Rohstoff bald Mangelware wurde. Papier wurde damals aus Lumpen (Hadern) hergestellt, die nach 33 Arbeitsgängen in beidseitig beschreibbare Papiere verarbeitet wurden. Erst Mitte des 19. Jahrhunderts wurde dieser Rohstoffengpaß durch die Erfindung des Holzschliffs und der chemischen Zellstoffgewinnung überwunden.

Wenn wir heute ein Fachgeschäft aufsuchen, bietet sich uns eine enorme Auswahl an Papieren an. Aber auch in unserer, leider immer noch verpackungsorientierten Umwelt finden Sie interessante Papiere, die sich sehr gut zum Verarbeiten eignen. Denken Sie dabei doch nur an die aufwendigen Parfumkartons. Sammeln Sie solche Stücke, und verwerten Sie diese dann, wie es zum Beispiel beim *Weihnachtsmarkt* (siehe Seite 30!) geschehen ist. Die dort gezeigten Weihnachtsmarktbuden wurden aus einem Papier hergestellt, das Holzmaserung vortäuscht und einmal zur Dekoration in einem Geschenkkarton unter Weinflaschen lag.

Buchbindereien und Druckereien sind ebenfalls wahre Fundgruben für interessante Papierreste. Fragen Sie einfach nach, oft werden Reste bereitwillig abgegeben.

Sammeln Sie interessante und schön bedruckte Papiere und Kartons, dann lernen Sie schnell die Vielfalt dieses Materials kennen und schätzen.

Grundsätzlich unterscheidet man bei farbigen Papieren Ton- und Buntpapiere. Buntpapiere sind weiße, nur einseitig farbig bedruckte Papiere in matter oder glänzender Ausführung. Die Riß- und Schnittkanten von Buntpapieren sind deshalb immer weiß. Tonpapiere werden bereits in der

Papiermasse eingefärbt, somit sind sie auch an den Riß- und Schnittkanten farbig.

Tonpapier und Tonkarton unterscheiden sich durch die Stärke bzw. das Gewicht, das man in Gramm pro Quadratmeter (g/qm) mißt.

Tonpapier bekommen Sie im Handel in einer Stärke um 100 g/qm. Tonkarton gibt es ab 180 g/qm bis zu 300 g/qm. Zum Vergleich: Einseitig bedruckter Plakatkarton ist 400 g/qm schwer, Seidenpapier 18 g/qm. Immer wieder wirbt der Handel mit lichtechtem Tonkarton und Tonpapier. Tatsächlich widersteht dieses neue Material dem Sonnenlicht wesentlich länger als herkömmliche Papiere. Einige Firmen stellen ihre Papiere mit leichter Oberflächenstruktur her, was den Reiz eines Fensterbildes wesentlich erhöhen kann.

Bekannt ist Ihnen sicher auch Goldpapier, ein von beiden Seiten mit dünner Alufolie kaschiertes (beklebtes) Papier. Sie erhalten Goldpapier auch in den Farben Silber, Blau, Rot, Grün sowie mit Sternchenprägung. Neuerdings gibt es auch sehr schweren (250 g/qm) und stabilen Alukarton in Gold.

Japanpapier ist ebenfalls in mehreren Farben bogenweise erhältlich. Es zeichnet sich durch eine große Lichtdurchlässigkeit aus. Bei Lichteinfall kommt die interessante, unregelmäßige Struktur des stark faserigen Papiers besonders gut zur Geltung. Den Rohstoff liefert der Papiermaulbeerbaum, dessen fein- und zähfaserige unverholzte Rinde die Kodzu-Bastfaser für viele japanische Papiere liefert.

Klarsichtfolie, die in Rollen im Handel angeboten wird, benötigen Sie für die *Weihnachtshasen* und das *Rotkehlchen*.

Kleingemusterte Geschenk- und Schrankpapiere sowie Tortenspitzen oder Papiermanschetten können Sie in Kaufhäusern und im Fachhandel bekommen. Diese lassen sich auf vielfältige Weise einsetzen.

Regenbogenbuntpapier ist ein einseitig bedrucktes Buntpapier mit fließendem Farbverlauf. Sie können es im Hobby-Fachhandel auf Rollen oder sortiert in Mappen kaufen. Für die Schleifen der *Weihnachtsbäume* (siehe Seite 22!) eignen sich allerdings Rollen besser, da Sie dann mehr Material in einem Farbverlauf zur Verfügung haben.

Hinweis: Versuchen Sie nicht, ganz genau den Farbton der Papiere zu finden, die in diesem Buch verarbeitet wurden. Bereits das Licht beim Fotografieren kann den Farbton des Papiers leicht verändern. Der Farbton der Papiere einer Firma kann bei zeitlich versetzten Lieferungen differieren. Denken Sie vergleichsweise an Wolle, die ja sogar die Nummer des Farbkessels trägt, um Unterschiede zu vermeiden. Falsche Lagerung kann, etwa bedingt durch Lichteinfall, den Farbton ebenfalls verändern. Das gewohnte Format bei Tonkarton und -papieren beträgt 50 x 70 cm. Einige in diesem Buch beschriebenen Arbeiten gehen über dieses Format hinaus. Kleben Sie dafür einfach zwei Bögen der gleichen Farbe zusammen oder besorgen Sie sich im Fachhandel Übergrößen (70 x 100 cm), die mittlerweile auch schon farbig angeboten werden.

Tip: Vermeiden Sie es, das Material für den Transport nach Hause zu rollen. Transportieren und lagern Sie die gekauften Papiere lieber in einer genügend großen Plastiktüte oder in einer Mappe aus Pappe.

Das Übertragen der Motive

Auf den Vorlagenbögen finden Sie alle Vorlagen in Originalgröße. Um größtmögliche Klarheit auf dem Vorlagenbogen zu gewähren, sind bei einigen Motiven kleinere Vorlagen den Abbildungen im Buch zugeordnet. Für das Übertragen dieser kleinen Vorlagen aus dem Buch schlage ich Ihnen vor, stabile Klarsichtfolie zu verwenden, die Sie entweder von Verpackungen sammeln oder als stabile Einsteckhüllen im Bürofachhandel erwerben können. Legen Sie die Folie auf die Vorlage im Buch, zeichnen Sie diese mit einem wasserfesten Folienstift (Stärke F = feine Linie) nach, und schneiden Sie die Form aus der Folie aus. Auf diese Weise haben Sie zum einen eine immer wieder verwendbare Schablone, zum anderen ein unbeschädigtes Buch. Sammeln Sie diese Schablonen, und ergänzen Sie diese mit Ihren eigenen Ideen. So erhalten Sie einen Fundus, mit dessen Hilfe Sie neue Ideen entwickeln können. Es entstehen Ihre eigenen Fensterbilder.

Zum Übertragen der Vorlagen auf Tonkarton hat sich Kopierpapier für Schneider gut bewährt. In den im Fachhandel erhältlichen Packungen finden Sie einen gelben und einen weißen Bogen mit den Maßen 83 x 57 cm. Das erspart Ihnen das Zusammenstückeln des Kohlepapiers, das außerdem schwarze oder blaue, leicht verschmierende Linien hinterläßt, die kaum noch zu entfernen sind. Legen Sie das Kopierpapier mit der gelb oder weiß beschichteten Seite auf den Tonkarton. Darauf legen Sie den Teil des Vorlagenbogens, den Sie benötigen. Damit Ihnen beim Durchzeichnen nichts verrutscht, befestigen Sie den Vorlagenbogen mit einem Stück Klebeband oder mit Büroklammern. Zeichnen Sie mit einem harten Bleistift oder Kugelschreiber das Muster nach.

Da Sie die Pauslinien des Kopierpapiers nicht radieren können, diese also immer exakt weggeschnitten werden müssen, möchte ich Ihnen eine weitere Möglichkeit der Übertragung vorstellen: Legen Sie einen großen Seidenpapierbogen (aus dem Schneider-Fachbedarf) auf den Vorlagenbogen, und zeichnen Sie das gewünschte Motiv durch. Auf der Rückseite der Motivzeichnung legen Sie mit einem sehr weichen Bleistift (4B) enge Schraffuren über die Linien. Nun legen Sie die Transparentzeichnung mit der Schraffurseite auf den Tonkarton, befestigen sie mit Klebeband und fahren die Zeichnung noch einmal mit dem Bleistift nach. So bilden sich die Bleistiftlinien auf dem Tonkarton ab. Dieses Verfahren ist etwas umständlicher, hat jedoch mehrere Vorteile: Sie können die Seidenpapierzeichnung mehrfach verwenden, Ihr Vorlagenbogen bleibt in einem besseren Zustand und die Reste der Linien, die beim Schneiden stehengeblieben sind, können wegradiert werden.

Das Schneiden

Ob Sie lieber mit der Schere oder einem Cutter schneiden, ist eine ganz individuelle Entscheidung. Auch wenn Sie mit dem Cutter noch ungeübt sein sollten, wagen Sie es! Nach kurzer Zeit werden Sie feststellen, daß man mit diesem einfach, schnell und vor allen Dingen sauber schneiden kann. Im Handel sind verschiedene Modelle erhältlich, achten Sie besonders darauf, daß das Gerät gut in der Hand liegt und die Klinge fest einrastet. Sie halten den Cutter wie einen Füller in der Hand und schieben beim Schneiden immer nur ein Klingenteil heraus. Ist dieses Teil stumpf (der Cutter gleitet schwerer durch das Papier oder hinterläßt unsaubere Schnittkanten), brechen Sie es vorsichtig ab. Dazu finden Sie als Zubehör eines jeden Cutters ein kleines Hilfsgerät. Dieses ist meistens im Griff integriert. Sie können aber ebensogut eine Flachzange verwenden. Halten Sie das Messer bei diesem Vorgang möglichst weit von sich, um Verletzungen zu vermeiden, die beim Abspringen der Klinge entstehen könnten. Lassen Sie diesen Vorgang nie von Kindern durchführen!

Mit dem Cutter schneiden Sie bitte immer auf einer dicken Unterlage. Das kann eine genügend große stabile Pappe sein, z.B. die Rückseite eines Zeichenblockes oder eines Kalenders. Auch ein Stück einer Linolplatte, wie sie für Linoldrucke verwendet wird, eignet sich als Unterlage. Der Bürofachhandel bietet auch sogenannte Schneidewiesen (Cutmat) an. Das sind 3 mm starke Kunststoffplatten in DIN-Formaten, deren Oberfläche sich nach dem Einschnitt wieder schließt. Bei Keilschnitten, die bei kleinen Musterteilen häufig entstehen, trennt das Messer den Einschnitt allerdings heraus. Zurück bleibt eine störende Unebenheit. Der Nachteil dieser Platten ist der hohe Anschaffungspreis.

Wenn Sie mit dem Cutter schneiden, sorgen Sie neben einer möglichst großen Unterlage auch für eine genügend große Arbeitsfläche, auf der Sie Ihr Werkstück mitsamt der Unterlage immer in die richtige Schneiderichtung drehen können. Wenn Sie während des Drehvorganges die Spitze des Cutters im Tonkarton oder Tonpapier stecken lassen, können Sie, ohne abzusetzen weiterschneiden.

Natürlich lassen sich nicht alle Teile mit dem Cutter schneiden. Für ganz kleine Teile hat sich der Gebrauch einer Nagelhautschere bewährt. Wenn Sie darüberhinaus eine Handarbeitsschere (Länge ca. 14 cm) besitzen, sind Sie bestens ausgerüstet. Nehmen Sie das zu schneidende Teil in die Hand. Wenn das Papier doppelt liegt, fassen Sie die Faltkante an, da diese als letzte geschnitten wird. Sie hält Ihnen Ihr Werkstück zusammen (siehe Zeichnung 1!) und garantiert gleich-

Zeichnung 1

mäßiges Schneiden der beiden Teile. Innenschnitte schneiden Sie von Hand oder mit dem Cutter immer zuerst, anschließend die Außenkante (siehe Zeichnung 1!). Beim Schneiden drehen Sie das zu schneidende Stück langsam in die weit geöffnete, sich langsam schließende Schere. So erhalten Sie saubere Schnittkanten.

Vereinfachend können auch Entlastungsschnitte wirken, die Sie beliebig in die aus dem Motiv herauszuschneidenden Teile führen. Diese geben Ihnen mit der Schere Beweglichkeit, damit Sie zu sauberen Konturen kommen. Schneiden Sie ökonomisch! Wenn Sie z.B. an die Häuser beim *Weihnachtsmarkt* (siehe Seite 30!) denken, so bietet es sich an, erst alle senkrechten und danach alle waagerechten Linien zu schneiden. Das erspart mehrfaches Drehen des Werkstückes.

Beim *Engelreigen* (siehe Seite 26!) finden Sie viele tropfenförmige Formen vor, die ausgeschnitten werden müssen. Sie können diese Teile gut mit dem Cutter schneiden, indem Sie von der spitzen Stelle zur Rundung je rechts und links einen Schnitt machen. In der Rundung treffen sich dann die Schnitte (siehe Zeichnung 2!) und lösen die Form heraus.

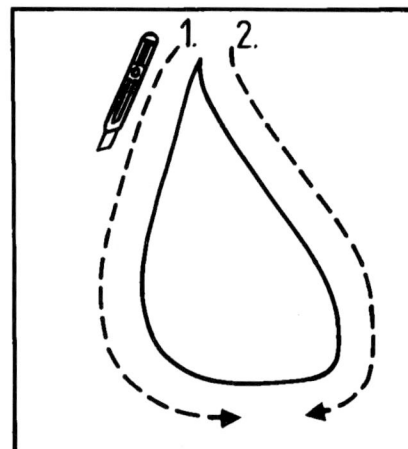

Zeichnung 2

Wenn Sie viele Teile gleich doppelt ausschneiden, wie z.B. beim *Vogelhaus* (siehe Seite 46!), dann kennzeichnen Sie diese, z.B. durch Numerieren, unmittelbar nach dem Schneiden und vor dem Auseinandernehmen vorne und hinten mit Bleistift mit der gleichen Zahl. Die gekennzeichneten Seiten werden später mit Klebstoff bestrichen und zusammengefügt, so kommen automatisch die vorgezeichneten Seiten nach innen und man hat die Gewähr, daß die Teile wirklich aufeinanderpassen (siehe Zeichnung 3!), und keine Bleistiftspuren sichtbar bleiben.

Zeichnung 3

Das Kleben

Legen Sie die zu klebenden Teile vor dem Einstreichen mit Klebstoff erst einmal „trocken" zusammen. Nachdem Sie so die richtige Anordnung bestimmt haben, können Sie nicht mehr die falsche Seite mit Klebstoff einstreichen! Bei großen Teilen heben Sie vorsichtig die Ränder an und geben Klebstoff darunter, ohne die Teile zu verschieben. Benutzen Sie den Klebstoff sparsam und nicht unmittelbar am Rand der Teile. Bewährt hat sich UHU flinke flasche, weil mit ihr zielgerichtetes und punktuelles Kleben möglich ist.
Die in diesem Buch abgebildeten Fensterbilder habe ich mit Uhu flinke flasche geklebt. Für dünne Papiere (Schrankpapier, Geschenkpapier), bei denen der flüssige Klebstoff leicht fleckig durchschlagen kann, verwendete ich UHU stic. Im folgenden Text wird nur noch von Klebstoff und Klebestift die Rede sein.
Viele Motivteile der Fensterbilder können einen Fundus für neue Kompositionen bilden. Kleben Sie die verschiedenen Motivteile doch einfach einmal zu neuen Fensterbildern zusammen.

Das Befestigen

Einige der riesengroßen Fensterbilder sind in sich so stabil, daß sie an einem Faden aufgehängt werden können (*Eiliger Nikolaus, Weihnachtsbären, Weihnachtsbäume, Christrose, Rotkehlchen, Vogelhaus, Schneemann mit Gipsbein*). Nehmen Sie dazu einen doppelt gelegten, farblich zum Fensterbild passenden Nähgarnfaden, den Sie, wie die Zeichnung verdeutlicht, am oberen Rand des Fensterbildes anbringen. Diesen befestigen Sie mit Klebeband am Fensterrahmen oder am Fensterglas.
Die anderen riesengroßen Fensterbilder befestigen Sie mit durchsichtigem Klebefilm direkt an der Fensterscheibe. Dabei müssen alle Teile, die durchhängen oder herausklappen können, an die Scheibe angeklebt werden. Drehen Sie aus Klebefilm kleine Röllchen (Klebeflächen außen), die Sie an allen notwendigen Stellen auf der Fensterseite des Werkstücks anbringen. Im Fachhandel bekommen Sie auch doppelseitig klebenden, durchsichtigen Klebefilm, der Ihnen das Röllchendrehen erspart.

Tip: Durch die Sonneneinstrahlung kann sich der Klebefilm recht fest mit dem Glas verbinden. Einige Tropfen Pinselreiniger auf einem Tuch helfen, diese Reste problemlos zu entfernen.

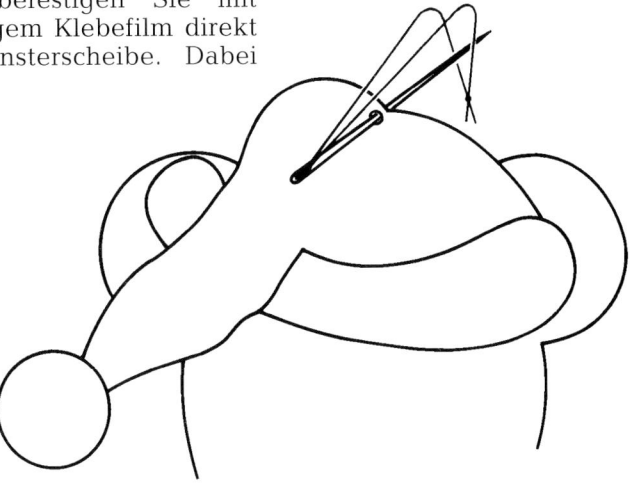

Kerzenkette

Motiv A

Material
1 Bogen Tonkarton in Überlänge oder 2 Bogen Tonkarton in Blau, Tonpapier in Gelb

Werkzeug
Cutter, Schere

Ausführung
Auf den überlangen Tonkarton passen zwei Kerzenketten. Arbeiten Sie mit dem Normalformat 50 x 70 cm, ergänzen Sie Ihren Bogen in Längsrichtung um 10 cm (+ Klebekante). Auch aus diesem Format können Sie zwei Kerzenketten arbeiten. Sobald Sie die Vorlage vom Vorlagenbogen übertragen haben, können Sie alle Schnitte mit dem Cutter arbeiten. Wenn Sie mit dem Cutter noch nicht so sicher umgehen, setzen Sie bei den Rundungen die Schere ein.

Eine weihnachtliche Wirkung erzielen Sie, wenn Sie noch einige Sterne aus gelbem Tonpapier ausschneiden und dazu dekorieren. Die Vorlagen zu diesen Sternen finden Sie auf Seite 24. Sie haben nun zwei Variationsmöglichkeiten: Kleben Sie einen kleinen Stern mit seinen sechs Spitzen so auf einen großen Stern, wie Sie es auf der Abbildung rechts erkennen können. Die zweite Form erhalten Sie, wenn Sie zwei kleine bzw. zwei große Sterne versetzt aufeinanderkleben. Der Kontrast mit den verschiedenen Sterninnenformen wirkt besonders gut.

Bunter Adventskranz

Motiv B, B1 - 11, s. Seite 16-18!

Material
1 Bogen Tonkarton in Grün, 1 Bogen Tonpapier in Rot, Ton- und Goldpapierreste, Klebstoff

Werkzeug
Cutter, Schere

Ausführung
Die Grundform des Kranzes schneiden Sie einmal aus Tonkarton aus. Die Bänder benötigen Sie jeweils zweimal aus doppelt gelegtem Tonpapier. Die Kerzen und die Kerzenflammen schneiden Sie jeweils viermal aus doppelt gelegtem Tonpapier aus. Ordnen Sie diese Teile, wie aus der Abbildung ersichtlich, auf dem Kranz an, und kleben Sie diese dann deckungsgleich fest. Egalisieren Sie die überstehenden Bänder.
Beim Dekorieren des Kranzes sind Ihrer Phantasie keine Grenzen gesetzt. Sie können Dekorteile aufkleben oder größere Teile anhängen. Die Entscheidung darüber richtet sich sicher auch nach dem Platz, an dem der Kranz aufgehängt werden soll.

Wenn Sie diesen Kranz mit einer Kindergruppe arbeiten und eine große Auswahl verschiedener Papiere sowie einen Satz Schablonen für die Dekorteile bereitstellen, werden Sie erstaunt sein, wie individuell und unterschiedlich die Ergebnisse sind. Dazu gehört vielleicht auch der Hinweis, daß Kerzen und Bänder nicht unbedingt aus rotem Tonpapier gearbeitet werden müssen!

Adventskranz

Motiv C

Material
1 Bogen Tonkarton in Grün

Werkzeug
Cutter

Ausführung
Übertragen Sie den Adventskranz vom Vorlagenbogen auf
den Tonkarton. Schneiden Sie
diesen grob zu, und sorgen Sie
für eine genügend große Arbeitsfläche, auf der Sie den Karton be-
quem in die jeweils richtige
Schneiderichtung drehen können. Schneiden Sie nun zuerst
alle Innenteile. Zum Schluß
schneiden Sie die Außenlinie
(Kontur). Achten Sie beim Ausschneiden des Kerzenscheins
darauf, jeweils vom Kranz zur
Spitze des Scheins zu schneiden,
damit die schmalen Streifen nicht
ausreißen.
Sie können diesen Adventskranz
ebensogut aus weißem Tonkarton schneiden. Fensterbilder, die
aus hellem Tonkarton gearbeitet
sind, wirken, von der Außenseite
des Fensters gesehen, besonders
reizvoll.

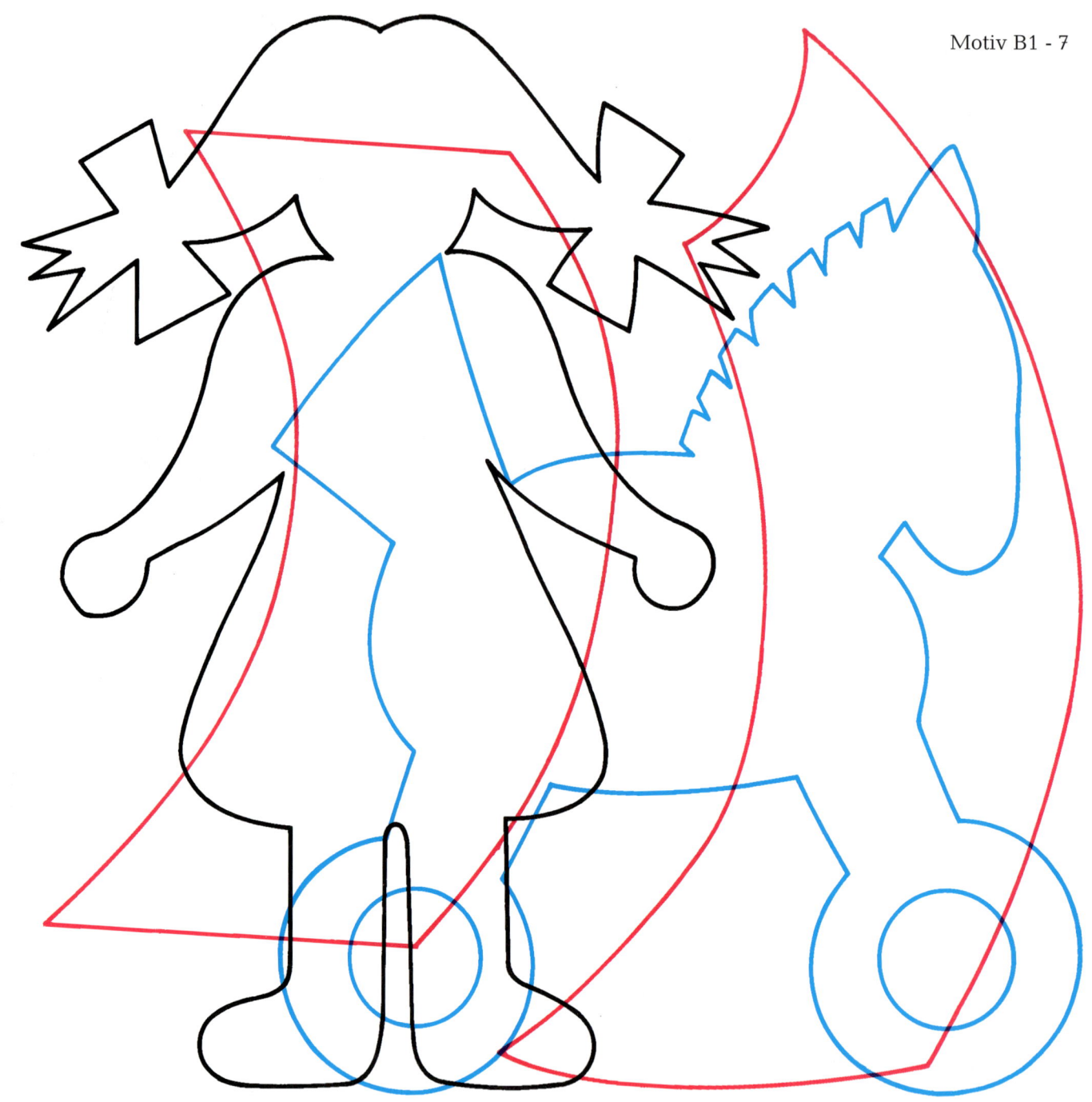

Motiv D1 - 3

Eiliger Nikolaus

Motiv D, D1 - 3, s. Seite 19!

Material
1 Bogen Tonkarton in Rot, Tonkarton in Weiß, Tonpapier in Rosa, Schwarz, Braun, bunte Tonpapierreste in verschiedenen Farben, Klebstoff

Werkzeug
Schere, Cutter, weißer Buntstift, schwarzer Filzstift

Ausführung
Schneiden Sie die Grundform für den Nikolaus einmal aus rotem Tonkarton und aus einem Rest des roten Tonkartons zweimal den Arm aus. Die weißen Teile schneiden Sie doppelt, ebenfalls aus Tonkarton, aus. Würden Sie diese Teile aus Tonpapier schneiden, wäre der Lichteinfall am Fenster zu stark. Alle anderen Teile schneiden Sie aus doppelt gelegtem Tonpapier. Wenn Sie das Fensterbild noch farbiger gestalten wollen, können Sie den Rucksack ebensogut aus grünem Tonpapier arbeiten.
Kleben Sie zuerst die Stiefel und das Gesicht auf die Grundform auf. Alle Teile müssen immer deckungsgleich geklebt werden! Fahren Sie fort mit dem unteren Pelzbesatz des Mantels, der den Stiefelanfang bedeckt, und vervollständigen Sie das Gesicht mit Bart und Schnauzer. Legen Sie den Rucksack, der an der oberen Seite offen bleiben muß, erst einmal ohne Klebstoff an. Wenn Sie ihn in der richtigen Position haben, heben Sie vorsichtig einige Ecken und kleben ihn fest. Den zweiten Rucksack können Sie nun ohne Schwierigkeiten deckungsgleich aufkleben. Jetzt befestigten Sie den Mützenbesatz, der auch eben über den Rucksack reicht. Der Bommel vervollständigt die Mütze. Kleben Sie den Arm in die Rucksackrundung und die Hand so an, daß der Nikolaus den Sack in seiner Hand hält. Der Pelzbesatz verbindet beide Teile. Arbeiten Sie die andere Seite deckungsgleich. Stecken Sie die Geschenke in den Nikolaussack. Das Bärchen bemalen Sie, wie Sie es auf der Abbildung sehen können. Nun fehlt nur noch das Auge, das Sie mit schwarzem Filzstift aufmalen.
Tip: Dieses Fensterbild ist in sich so stabil, daß Sie es auch als Raumdekoration aufhängen können.

Weihnachtsbäume

Motiv E, E1 - 4

Material
2 Bogen Tonkarton in Grün, Ton-
papier- und Goldpapierreste in
beliebiger Farbe, 1 Rolle Regenbogenbuntpapier, Klebstoff

Werkzeug
Cutter, Schere, Tacker, ersatz-
weise Büroklammern

Ausführung
Schneiden Sie die Grundform der
Tanne einmal aus grünem Tonkarton aus. Die Kerzen und die
Kerzenflämmchen schneiden Sie
aus doppelt gelegtem Tonpapier
und kleben diese deckungsgleich
auf die Tannenspitzen. Den Stern
und die Schleifen schneiden Sie
aus doppelt gelegtem Goldpapier
und kleben die Teile mit wenig
Klebstoff an den vorgesehenen
Stellen auf.
Wenn Sie die Schleifen aus Regenbogenbuntpapier arbeiten
wollen, entrollen Sie das Material, falten es über die Längsseite
so, daß die Farbe innen liegt und
bügeln es einmal bei geringer

Temperatur, damit es sich nicht mehr zusammenrollt. Zeichnen Sie mit Hilfe der Schablone mehrere Schleifen auf die Materialstücke mit dem interessantesten Farbverlauf. Nehmen Sie den Farbverlauf nicht zu einheitlich, denn Farbkontraste wirken bes-ser. Damit Sie die Schleifen jeweils doppelt ausschneiden können, klammern Sie sich die Teile mit einem Tacker zusammen oder befestigen Sie diese mit Büroklammern so aneinander, daß sie nicht verrutschen können. Die Dekoration eines Weih-nachtsbaumes läßt sich in vielerlei Farbkombinationen gestalten. Selbst aus kleingemustertem Geschenkpapier können Schleifen ausgeschnitten werden, die wiederum ganz anders wirken.

23

Die Heilige Familie

Motiv F, F1 - 2

Material
2 Bogen Tonpapier (50 x 70 cm) in beliebiger Farbe, 1 Bogen Japanpapier (farblich passend), Klebstoff

Werkzeug
Cutter, Schere, Tacker oder Büroklammern

Ausführung
Zeichnen Sie das Fensterbild vom Vorlagenbogen auf einen Bogen Tonpapier. Tackern Sie den zweiten Bogen dahinter, und schneiden Sie das Bild aus beiden Bogen gleichzeitig aus. Die langen geraden Linien lassen sich gut mit dem Cutter schneiden. Arbeiten Sie zuerst alle Innenformen, dann die Außenlinie.
Schneiden Sie nun aus Japanpapier die Form des Fensterbildes aus. Diese soll geringfügig kleiner sein als das Fensterbild aus Tonpapier, damit nach dem Zusammenkleben aller Teile das Japanpapier nicht hervorschauen kann. Das faserige Papier läßt sich besser mit einer Schere als mit einem Cutter schneiden. Kleben Sie das Japanpapier nach dem Ausschneiden auf die Seite des Fensterbildes, auf der Sie dieses mit Bleistift vorgezeichnet haben. Das zweite Fensterbild kleben Sie deckungsgleich dahinter. Durch den Lichteinfall am Fenster wirkt die Struktur des Japanpapiers besonders interessant.
Mit Hilfe der Vorlagen zeichnen Sie auf doppelt gelegtes Tonpapier die Anzahl der Sterne, die Sie zum Dekorieren des Fensterbildes benötigen. Schneiden Sie zuerst die Innenformen der Sterne mit dem Cutter sauber aus. Diese Sterne können Sie ebenfalls als Dekoration verwenden. Legen Sie nun einen Innenstern als Muster auf mehrfach übereinander gefaltetes Japanpapier, und zeichnen Sie diesen, unter Zugabe eines Kleberandes, mit Bleistift auf das Japanpapier. Aufgrund der Zartheit des Papieres lassen sich mehrere Bogen Japanpapier besser schneiden als ein einzelner Bogen. Kleben Sie das Japanpapier mit wenig Klebstoff zwischen zwei Sterne, wobei die vorgezeichneten Seiten immer innen liegen sollten.

Motiv F1 - 2

Engelreigen

Motiv G, G1 - 2

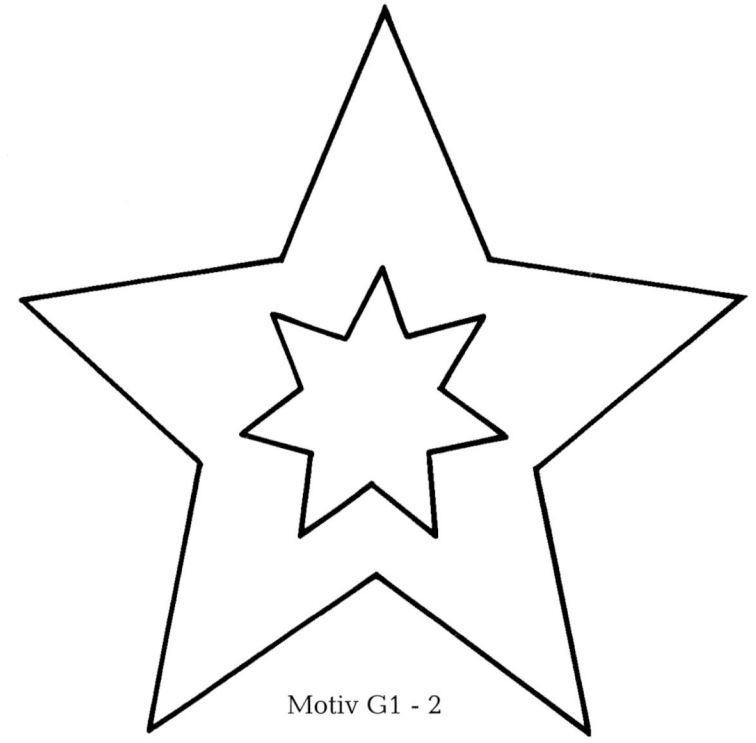

Motiv G1 - 2

Material
1 Bogen (evtl. 2 Bogen) Tonpapier in beliebiger Farbe

Werkzeug
Cutter, Schere, Tacker

Ausführung
Aus einem Bogen Tonpapier können Sie vier Engel ausschneiden. Bei Bedarf kann man von einem zweiten Bogen Tonpapier noch 18 cm ankleben und damit einen Engelreigen, bestehend aus fünf Engeln, arbeiten. Mehr als fünf Lagen Tonpapier sind allerdings nicht mehr sauber zu schneiden. Stellen Sie sich für diese Arbeit eine Schablone her, da der Engel wirklich genau auf dem gefalteten Tonpapier liegen muß, was mit dem Vorlagenbogen nicht unbedingt gewährleistet ist. Falten Sie das Tonpapier ziehharmonikaförmig, so daß die Streifen 18 cm breit sind. Legen Sie die Schablone so auf das gefaltete Tonpapier, daß sie an den vier geraden Stellen (Flügel, Hand, Tuch, Rock) genau auf den Faltkanten liegt. Klammern Sie die gestapelten Bogen mit einem Tacker an mehreren Stellen oben und unten zusammen. Schneiden Sie zuerst die Innenformen von Kopf, Flügeln und Armen, anschließend die langen Falten im Rock aus. Diese Teile schneiden Sie am besten mit dem Cutter. Da es viele Lagen sind, müssen Sie beim Schneiden kräftig aufdrücken und immer für eine scharfe Klinge sorgen. Natürlich können Sie den Engelreigen auch in Etappen schneiden. Dazu müssen Sie die Schablone dann mehrfach aufzeichnen. Die mit dem Cutter herausgeschnittenen Teile heben Sie vorsichtig heraus, so können Sie bei Bedarf noch einmal nachschneiden, falls Sie nicht alle Lagen durchtrennt haben sollten. Schneiden Sie bei den vielen tropfenförmigen Innenformen jeweils rechts und links von der Spitze in die Rundung, so daß sich die zwei Schnitte in der Rundung treffen (siehe Zeichnung Seite 10!). Sobald alle Innenformen ausgeschnitten sind, schneiden Sie die Umrißlinie am besten mit einer Schere aus. Die Stellen, an denen die Klammern sitzen, schneiden Sie zuletzt, da diese die Papierlagen zusammenhalten. Falten Sie den Engelreigen vorsichtig auseinander, und streichen Sie die Falten glatt. Zusammen mit einigen Sternen können Sie ihn im Fenster dekorieren.

Weihnachtsbären

Motive H1 und H2

Material
1 Bogen Tonkarton in Dunkelbraun, 1 Bogen Tonpapier in Rot, Tonpapier in Weiß, Beige, Hellbeige, Grün, Goldsternchen, Goldkarton, Klebstoff

Werkzeug
Schere, Cutter, schwarzer Filzstift, hellbrauner Buntstift

Ausführung
Für die Bären schneiden Sie die Grundform einmal aus Tonkarton aus. Alle anderen Teile müssen aus doppelt gelegtem Tonpapier geschnitten und deckungsgleich aufgeklebt werden. Eine Ausnahme bilden die Tannenbäumchen sowie Stern und Glocke, die in einem kleinen Schlitz in der Bärenhand stecken und zwischen die Sackteile geklebt werden.

Stehender Bär (Motiv H1)
Kleben Sie zuerst die Mantelteile deckungsgleich auf die Grundform. Befestigen Sie das Gesicht so tief, daß es vom Schal berührt wird. Kleben Sie zuerst das rote Mützenteil auf, und ergänzen Sie es mit Pelzbesatz und Bommel. Kleben Sie die Sackteile mit einem Zipfel an die Bärenpfote und, damit dieser besser befestigt ist, mit der Rundung an die Mantelecke. Das Bäumchen steckt zwischen den Sackteilen, der Flicken klebt beidseitig und ist mit Filzstiftstrichen „aufgenäht". Ein Band vervollständigt den Sack. Den Stern aus Goldkarton stecken Sie in einen Schlitz an der anderen Pfote. Das Gesicht können Sie mit schwarzem Filzstift anmalen. Dann setzen Sie Sternenknöpfe auf den Mantel.

Sitzender Bär (Motiv H2)
Kleben Sie auch bei diesem Bären zuerst die Mantelteile deckungsgleich auf die Grundform auf. Befestigen Sie den Schal so, daß einige Spitzen mit dem Mantel Verbindung haben. Füllen Sie die Manteltaschen mit Brezel, Sternchen und Lebkuchen, bevor Sie diese auf den Mantel aufkleben. Glocke und Tanne stecken in Schlitzen an den Bärenpfoten. Nun fehlt nur noch das Ohr sowie Nase und Auge, die erst angeklebt und dann mit einem schwarzen Filzstift bemalt werden.

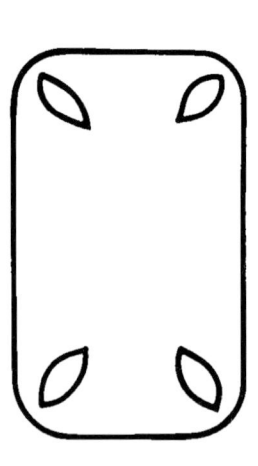

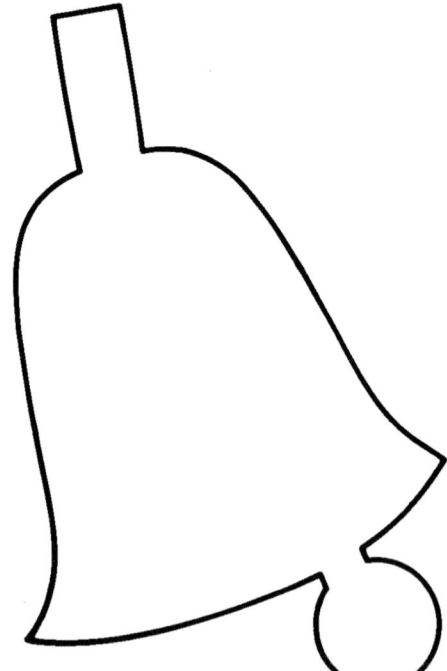

Motiv H2

Weihnachtsmarkt

Motiv J, J1 - 19, s. Seite 32-33!

Material
1 Bogen Tonkarten in Weiß, Tonpapier in Braun oder evtl. Papier mit Holzstruktur, Tonpapier in Grün, Gelb, Tonpapierreste in verschiedenen Farben, kleingemusterte Geschenkpapiere, Dekorations-Sternenkette auf Draht, Klebstoff

Werkzeug
Cutter, Schere, Filzstifte, weißer Buntstift, Kneifzange

Ausführung
Schneiden Sie die Grundform für die Stadt einmal aus weißem Tonkarton aus. Alle anderen Teile sind aus doppelt gelegtem Tonpapier geschnitten. Fangen Sie mit der großen Tanne in der Mitte des Fensterbildes an. Vor dem Ankleben passen Sie die Teile erst einmal ohne Klebstoff an, da die Seiten nicht symmetrisch sind. Beim Ankleben der Tanne auf der Rückseite kontrollieren Sie dies bitte mit Lichteinfall, damit die Tannen wirklich deckungsgleich sind. Genauso verfahren Sie mit den Weihnachtsmarktbuden, für die Sie natürlich auch braunes Tonpapier verwenden können. Die Buden in diesem Fensterbild sind aus einem Papier einer Verpackung mit Holzstruktur gearbeitet. Die Lampen aus gelbem Tonpapier kleben Sie jeweils rechts und links hinter die Laternenhalterung. Die Laternen werden an den aus der Abbildung zu ersehenden Stellen aufgeklebt. Auf der Rückseite des Fensterbildes kleben Sie die gelben Lampenteile auf die bereits klebenden und darauf, deckungsgleich mit der Vorderseite, die Laternenhalterung.
Die Dekorations-Sternenkette wird mit der jeweils dritten gelben Lampenform bogenförmig über der Weihnachtsstadt befestigt. Am großen Tannenbaum hält eine Schleife aus gelbem Tonpapier den Bogen fest. Kleben Sie nun die nach allen Seiten stehenden Sternchen geordnet fest. Diese Sternenkette läßt sich natürlich nicht deckungsgleich auf der anderen Seite anbringen. Im Fenster leuchtet die Sternenkette durch den Lichteinfall aber leicht durch das Papier und wirkt auch so. Bei diesem Fensterbild können eventuell einige lose, gestanzte Goldsternchen zusätzlich dekoriert werden, um die Wirkung auf der Innenseite des Fensters zu verstärken.
Dekorieren Sie die Buden mit selbstgeschnittenen Teilen oder ausgeschnittenen Kleinteilen aus Geschenkpapieren. In dem abgebildeten Fensterbild haben die roten Lebkuchenherzen einen mit braunem Filzstift gemalten Rand bekommen. Die drei Farben der Bälle wurden ebenfalls mit Filzstift aufgemalt, die Mandeln auf dem Lebkuchen mit weißem Buntstift markiert.
Schneiden Sie die Personen aus möglichst zartfarbenem Papier aus. Malen Sie die Gesichter und die Hände *vor* dem Ausschneiden mit weißem Buntstift, Haare und Schuhe mit schwarzem Filzstift an.
Wenn Sie den Weihnachtsmarkt mit einer Kindergruppe arbeiten wollen, können Sie die Buden auch vergrößern und jedes Kind eine Bude gestalten lassen. Sehr schön sieht der Weihnachtsmarkt auch einseitig geklebt aus, wenn Sie diesen an der Tür zum Weihnachtszimmer befestigen.

Kinder im Schnee

Motiv K, K1 - 4, s. Seite 34-38!

Material
3 – 4 Bogen Tonkarton in Weiß, 1 Tube Deckweiß, Klebstoff, Klebeband (beidseitig klebend)

Werkzeug
Cutter, Schere, Bleistift, Pinsel

Ausführung
Zeichnen Sie mit Hilfe der Vorlagen die Kinder auf weißen Tonkarton. Für die Tannen finden Sie dort jeweils eine im Bruch gezeichnete Vorlage, die Sie durch Umklappen an der gestrichelten Linie zu Schablonen für die Tannen ergänzen können. Schneiden Sie alle Teile mit dem Cutter aus. Für kleine Kreise und starke Rundungen nehmen Sie die Schere. Malen Sie nun mit Deckweiß (ohne Wasserzusatz) andeutungsweise eine Winterlandschaft auf die Fensterscheibe, und dekorieren Sie diese der Abbildung entsprechend oder nach Belieben mit den Kindern und den Tannen. Die Schneeflocken können Sie mit dem Pinsel auftragen oder gleich mit der Tubenöffnung auf die Glasscheibe tupfen. Keine Angst, beim nächsten Fensterputzen läßt sich das Deckweiß ohne Probleme entfernen!

Motiv K4

Weihnachtsmann im Schlitten

Motiv L, L1 - 4, s. Seite 39!

Material
1 Bogen Tonkarton in Dunkelbraun, Tonkarton in Rot und Grün, 1 Bogen Tonpapier in Beige, Tonpapier in verschiedenen Farben, kleingemustertes Weihnachtspapier, Tortenspitzen, Goldpapier- und Goldkartonreste, Stanzsterne in verschiedenen Größen, Klebstoff

Werkzeug
Cutter, Schere, dünner, schwarzer Filzstift

Ausführung
Damit das Fensterbild genügend Stabilität erhält, schneiden Sie den Schlitten doppelt aus dunkelbraunem Tonkarton aus. Dagegen reicht es, den Weihnachtsmann, die Hand für die Rückseite des Fensterbildes, die Tanne und die Glocke einmal aus Tonkarton auszuschneiden. Aus doppelt gelegtem Tonpapier schneiden Sie den Sack, die weißen Teile für Pelzbesatz und Schal sowie das Gesicht des Weihnachtsmannes, die Päckchen, die Geschenke und alle Teile des Engels. Die dünnen Bezugspapiere der Pakete kleben Sie jeweils auf eine Grundform aus Tonpapier.

Klebefolge

1. Kleben Sie eine Kufe an einem Schlittenteil so an, daß die Ständer unter dem Schlitten, die gebogenen Kufen aber auf dem Schlitten liegen.

2. Passen Sie den Weihnachtsmann und ein Sackteil im Schlitten ein, und kleben Sie diese dann fest. Hinter dem Sack befestigen Sie das spitz auslaufende Paket.

3. Ordnen Sie nun die drei Päckchen hinter dem Weihnachtsmann an, und kleben Sie diese fest. Lassen Sie dabei am Schlittenrand eine Klebelücke, in die der Arm des Teddybären eingefügt werden kann.

4. Befestigen Sie den Tannenbaum hinter den Paketen. Dann legen Sie das begonnene Fensterbild mit der Klebeseite nach oben auf den Tisch.

5. Kleben Sie die zweite Sackhälfte auf die erste und die einzelne Hand auf das Sackende. Die Nahtstelle verdeckt später der Pelzbesatz.

6. Ordnen Sie nun die zweiten Pakethälften zu.

7. Kleben Sie nun die zweite Kufe auf die erste, ohne allerdings die gebogenen Enden zu befestigen!

8. Fügen Sie die zweite Schlittenhälfte in das Fensterbild ein, und kleben Sie die losen Kufenenden dieser Seite fest. Bringen Sie beidseitig die Kufenverzierungen an.

9. Legen Sie das Gesicht des Weihnachtsmannes und die Pelzteile des Mantels auf, und kleben Sie alle Motivteile deckungsgleich auf.

10. Kleben Sie den Engel auf die letzte Kiste, ergänzen Sie Beine und Hände, die die Glocke halten! Dekorieren Sie das Kleid mit Tortenspitze, und kleben Sie das Gesicht ein.

11. Bringen Sie die Spielzeugteile an den dafür vorgesehenen Stellen – falls nötig deckungsgleich – an. Der Bär bekommt ein Gesicht, das Sie mit einem dünnen, schwarzen Filzstift zeichnen.

12. Bringen Sie nach eigenem Geschmack zur Verzierung einige Stanzsterne aus Goldfolie an. Natürlich können Sie diese oder ähnliche aus Goldpapier auch selber ausschneiden.

Verschneites Dorf

Motiv M

Material
1 Bogen Tonkarton in Weiß

Werkzeug
Cutter

Ausführung
Übertragen Sie das Fensterbild vom Vorlagenbogen auf einen Bogen weißen Tonkarton.
Sie können alle Schnitte gut mit dem Cutter ausführen. Sorgen Sie für eine genügend große Arbeitsfläche, damit Sie den Tonkarton immer in die gewünschte Schneiderichtung drehen können. Die herausgeschnittenen Tannen können Sie nach Belieben rechts und links neben dem Fensterbild dekorieren.
Wenn das verschneite Dorf schon in der Adventszeit Ihr Fenster schmückt, können Sie den weihnachtlichen Eindruck durch Einfügen einiger goldener Sterne erreichen.

Sternsinger

Motiv N

Material
1 Bogen Tonkarton in beliebiger Farbe

Werkzeug
Cutter

Ausführung
Übertragen Sie das Fensterbild vom Vorlagenbogen auf einen Bogen Tonkarton. Schneiden Sie die Form grob zu, damit verkleinern Sie das beim Schneiden zu drehende Format. Sorgen Sie auf jeden Fall für eine große Arbeitsfläche, die Ihnen erlaubt, das Werkstück in die jeweils richtige Schneiderichtung zu drehen. Alle Schnitte können Sie gut mit dem Cutter ausführen.
Am besten schneiden Sie zunächst die äußeren Ränder des Fensterbildes, bevor Sie die kleineren Innenteile vorsichtig herauslösen.

Winterpyramide

Motiv O

Material
1 Bogen Tonkarton in Weiß (Überlänge) oder 2 Bogen Tonkarton in Weiß, 1 großer Bogen Seidenpapier (Schneider-Fachhandel)

Werkzeug
Cutter, Lochzange, weicher Bleistift (2B)

Ausführung
Wenn Sie den Tonkarton in Überlänge nicht bekommen können, erweitern Sie den Tonkartonbogen in der Breite um 3 cm (+ Klebekante) und in der Länge um 8 cm (+ Klebekante). Sie finden auf dem Vorlagenbogen eine Hälfte der Winterpyramide. Übertragen Sie diese mit einem weichen Bleistift auf einen großen Bogen Seidenpapier. Zeichnen Sie auf Ihrem Tonkartonbogen die Mittellinie mit Bleistift zart ein, und legen Sie das Seidenpapier mit der gezeichneten Seite auf den Tonkarton an die Mittellinie an. Fahren Sie die Zeichnung mit dem Bleistift nach, damit sich das Motiv auf dem Tonkarton abbildet. Legen Sie das Seidenpapier seitenverkehrt auf die andere Seite an die Mittellinie an, und zeichnen Sie die zweite Hälfte in gleicher Weise auf den Tonkarton.

Sorgen Sie für eine genügend große Arbeitsfläche, so daß Sie den Tonkarton immer in die richtige Schneiderichtung drehen können. Schneiden Sie die Spitze zuletzt, da das Schneekristall mit der Spitze des Vogelhauses nur wenig Verbindung hat. Sollte es Ihnen bei der Arbeit abknicken, schneiden Sie einen dünnen weißen Streifen (Länge: 3 cm, Breite: 2 mm), den Sie als Verstärkung von der Vogelhausspitze in die Mitte des Schneekristalls kleben. Die Augen der Vögel und Schneemänner können Sie am besten mit einer Lochzange ausstanzen.

Vogelhaus

Motiv P

Material
1 Bogen Tonkarton in Dunkelgrün, Tonpapierreste in Weiß, Mittelbraun, Zartblau, Rostrot, Lindgrün, Gelb und Rot, Klebstoff, Markierungspunkte in Weiß

Werkzeug
Cutter, Schere, schwarzer Filzstift, Locher

Ausführung
Übertragen Sie das Vogelhaus mit dem Rahmen auf den grünen Tonkarton. Dieses Teil können Sie gut mit dem Cutter ausschneiden. Alle anderen Teile werden aus doppelt gelegtem Tonpapier geschnitten und deckungsgleich an den dafür vorgesehenen Stellen, die Sie aus der Abbildung entnehmen können, aufgeklebt.
Fangen Sie mit den Teilen für den Schnee auf den Ästen, für das Dach und für den Boden an. Dann kleben Sie erst alle Vögel von der einen Seite des Fensterbildes auf, damit Sie dieses nicht ständig umdrehen müssen. Bevor Sie den letzten Vogel ganz unten in das Vogelhaus kleben, müssen Sie allerdings das Bündel Korn befestigen, damit dieser Vogel daran picken kann. Nun drehen Sie Ihr Vogelhaus um und kleben die jeweils anderen Teile der Vögel deckungsgleich auf die ersten. Verfahren Sie in gleicher Weise nun auch mit den farbigen Flügelteilen und dem Band um das Korn. Legen Sie diese Teile jeweils erst ohne Klebstoff auf das Bild, damit Sie dann immer die richtige Seite eines Motivteils mit Klebstoff einstreichen! Als Augen dienen bei diesen Vögeln weiße Markierungspunkte, die Sie im Bürofachhandel bekommen können. So ersparen Sie sich das mühselige Ausschneiden vieler kleiner Kreise. Die Pupille markieren Sie mit einem Filzstiftpunkt. Verteilen Sie einige Locherpunkte aus gelbem Tonpapier als Körner auf dem Boden des Vogelhauses.
Wenn Sie dieses Fensterbild an einem Faden aufhängen möchten, befestigen Sie rechts *und* links um den oberen Rand herum je eine Aufhängeschlaufe, damit der Rahmen nicht durchhängen kann.

Christrose

Motiv R

Material
Tonkarton in Dunkelblau, Tonpapier in 2 Grüntönen, Rot und Gelb, Tonkarton in Weiß, Klebstoff

Werkzeug
Cutter, Schere, dünner, schwarzer Filzstift oder Bleistift, grauer Buntstift, zartgrüner Buntstift, Locher

Ausführung
Schneiden Sie die Schale, in der die Blüten angeordnet werden, einmal aus dunkelblauem Tonkarton aus. Alle Blätter und Beeren schneiden Sie aus doppelt gelegtem Tonpapier aus. Die Blüten arbeiten Sie doppelt aus weißem Tonkarton, da Tonpapier zu durchscheinend wirken würde. Ordnen Sie die Pflanzenteile auf der Schale an. Lassen Sie sich beim Anordnen Zeit, und schieben Sie die Teile hin und her, um die wirkungsvollste Position herauszubekommen. Schneiden Sie eventuell Teile der Blätter ab oder nehmen Sie eine Blattform doppelt, um die Rundung in der Gesamtanordnung der Teile zu gestalten. Kleben Sie nun die Teile fest, indem Sie vorsichtig die einzelnen Ecken hochbiegen. Wenn auf einer Seite des Fensterbildes alle Teile gut befestigt sind, wenden Sie das Bild und kleben die jeweils anderen Teile der einzelnen Formen deckungsgleich auf. Dekorieren Sie das Bild beidseitig mit Ilex- und Mistelbeeren. Ein zartgrüner Buntstiftstrich in den Mistelblättern betont deren Form. In die Mitte der weißen Blüten kleben Sie Punkte aus dem helleren, grünen Tonpapier. Darum herum ordnen Sie gelbe Locherpunkte als Staubgefäße an, die Sie mit einem dünnen Bleistiftstrich oder mit schwarzen Filzstift mit der Mitte verbinden. Mit einem grauen Buntstift oder einem Bleistift deuten Sie in gebogenen Linien die Abgrenzungen der einzelnen Blütenblätter so an, wie Sie es aus der Abbildung ersehen können.

Rotkehlchen

Motiv S, S1 - 8, s. Seite 52!

Material
1 Bogen Tonpapier in Grün, Tonpapier in Weiß, Rot, Orange, Rostrot, Dunkelbeige, Schwarz, Klarsichtfolie, Klebstoff

Werkzeug
Cutter, Schere, Locher, Tacker oder Büroklammern

Ausführung
Falten Sie den grünen Tonkartonbogen über die kurze Seite. Zeichnen Sie den Rahmen des Fensterbildes so auf, daß eine Längsseite genau auf der Faltkante liegt. Schneiden Sie später diese Stelle *nicht* auseinander! Tackern oder klammern Sie das gefaltete Tonpapier gut zusammen, damit Sie zwei Rahmen gleichzeitig ausschneiden können. Schneiden Sie erst alle Innenformen, dann die Außenform bis auf das Stück der Faltkante, das Ihre beiden Rahmen verbindet. Klappen Sie die Rahmenteile auf und anschließend so um, daß die vorgezeichnete Seite innen liegt. Kleben Sie auf die vorgezeichnete Seite eine Klarsichtfolie, die Sie in der richtigen Größe zugeschnitten haben. Damit Sie keine Klebstoffflecken auf der Folie haben, bestreichen Sie am besten erst den unteren Rand und die Blätter der vorgezeichneten Seite mit Klebstoff und legen die Folie an diesen Stellen vorsichtig auf. Dann kleben Sie die Folie am

oberen Rand fest. Bestreichen Sie die zweite Innenseite dünn (!) mit Klebstoff, und klappen Sie diese auf die Folie. Kleben Sie nun je ein großes Schneestück beidseitig auf den langen Ast. Befestigen Sie die Vogelteile deckungsgleich auf der Folie. Kleben Sie den Schwanz so am Rahmen fest, daß er dem Bild zusätzlichen Halt gibt. Legen Sie die Schwanz- und die Federteile erst einmal ohne Klebstoff auf, um die richtige Position zu finden, und kleben Sie diese dann deckungsgleich auf

den Vogel. Verteilen Sie, ebenfalls deckungsgleich, einige rote Beeren auf dem Ilex.
Für die Schneeflocken geben Sie auf eine Folienseite vorsichtig winzige Klebstofftröpfchen und legen auf jedes Tröpfchen einen Locherpunkt aus weißem Tonpapier. Ist die eine Seite gut getrocknet, verfahren Sie mit der anderen Seite genauso.

Weihnachtshasen

Motiv T, T1 - 17, s. Seite 53!

Material
2 Bogen Tonpapier in Dunkelbraun, 1 Bogen Tonpapier in Mittelbraun, Tonpapierreste in Rot, Hellbraun, 2 Grüntönen und Weiß, Tipp-Ex, evtl. Deckweiß und Pinsel, Klarsichtfolie, Klebestift

Werkzeug
Cutter, Schere, brauner Buntstift, Tacker

Ausführung
Tackern Sie zwei Bogen dunkelbraunes Tonpapier zusammen. Übertragen Sie darauf mit Hilfe des Vorlagenbogens den Rahmen des Fensterbildes, und schneiden Sie diesen doppelt aus. Arbeiten Sie erst alle Innenformen, zuletzt den äußeren Kreisrand. Kleben Sie auf die vorgezeichnete Seite einen Teil der doppelt ausgeschnittenen Form für den Schnee und auf diese einen genügend großen Kreis aus Klarsichtfolie. Nun muß die zweite Form für den Schnee deckungsgleich mit der ersten auf der Folie befestigt werden. Legen Sie darauf den zweiten Rahmen passend auf. Stückweise können Sie den Rahmen anheben und festkleben. So vermeiden Sie Unsauberkeiten. Arrangieren Sie die Hasen, die wie alle anderen Teile aus doppelt gelegtem Tonpapier geschnitten werden, zunächst ohne Klebstoff im Rahmen. Sobald Sie die richtige Position gefunden haben, kleben Sie diese Teile fest.

Die Gegenstücke werden deckungsgleich von der Rückseite aufgeklebt. Verfahren Sie genauso bei den Schneeflecken, Blättern, den Ohren und Augen der Hasen sowie den Schleifen. Vergessen Sie nicht die Vorderpfote des aufgerichteten Hasen, die auf beiden Seiten des Bildes aufgeklebt wird. Mit einem braunen Buntstift, der von der Farbe des mittelbraunen Tonpapiers möglichst wenig abweichen sollte, zeichnen Sie die Schenkellinien, die Pfötchen und Näschen, wie auf der Abbildung ersichtlich, ein. Die einfachste Möglichkeit der Darstellung von Schneeflocken sind kleine Pünktchen, die mit Tipp-Ex auf eine Seite der Folie aufgetragen werden. Natürlich können Sie auch Deckweiß mit einem Pinsel tupfenweise auftragen. Eine weitere Möglichkeit sehen Sie beim Fensterbild *Rotkehlchen*. Bei diesem Bild habe ich die Schneeflocken in Form von Locherpunkten aufgeklebt.

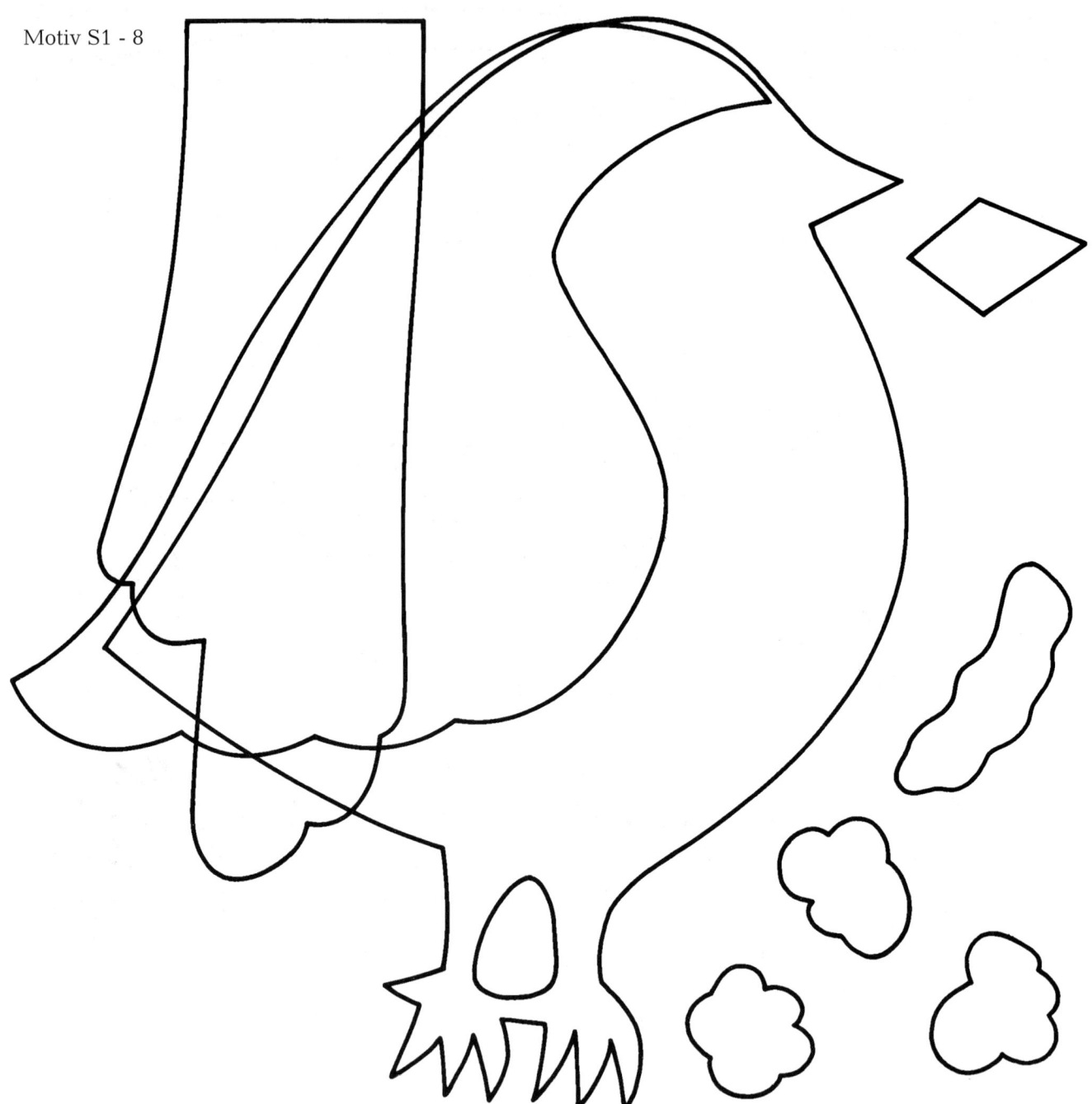

Motiv U3

Pinguine

Motiv U, U3

Material
1 Bogen Tonkarton in Blau, 2 Bogen Tonkarton in Weiß, 1 Bogen Tonpapier in Schwarz, 1 Bogen Tonpapier in Zartblau, Tonpapier in Rosa, Markierungspunkte, Klebstoff

Werkzeug
Cutter, Schere, schwarzer und gelber Filzstift

Ausführung
Schneiden Sie die Vorlage für das Wasser einmal aus blauem Tonkarton aus. Darauf kleben Sie deckungsgleich die beiden aus weißem Tonkarton ausgeschnittenen Eisschollen. Kleben Sie die Eisschollen nicht bis zum Rand auf. Das erhöht den Eindruck des Obenaufschwimmens.
Die Pinguine sind von links nach rechts durchnumeriert. Kleben Sie zuerst den Pinguin Nr. 1 deckungsgleich auf beide Seiten des Fensterbildes auf. Vergessen Sie nicht, den Fisch zwischen die Teile für den Schnabel zu kleben. Die Ränder der Eisschollen aus zartblauem Tonpapier kleben Sie nun ebenfalls deckungsgleich auf. Kontrollieren Sie den Klebevorgang im Lichteinfall! Verteilen Sie die aus weißem Tonpapier ausgeschnittenen Teile für die restlichen Pinguine auf der Eisscholle. Ergänzen Sie diese mit den dazugehörigen schwarzen Teilen, wobei Sie darauf achten

sollten, daß die Füße unter dem Frack liegen müssen. Kontrollieren Sie auch die Deckungsgleicheit der schwarzen Teile, indem Sie das Fensterbild beim Kleben vor das Licht halten. Malen Sie die Schnäbel so an, wie Sie es aus der Abbildung entnehmen können. Für die Augen eignen sich Markierungspunkte, in die Sie die Pupillen hineinmalen können. Natürlich können Sie die Kreise auch aus weißem Papier zuschneiden.

Wollen Sie ein besonders großes Fenster dekorieren – etwa im Kindergarten oder in der Schule – arbeiten Sie mehrere Eisschollen, allerdings ohne Wasser. Sie können die vorgegebene Vorlage für die Eisschollen eventuell auch teilen. Arrangieren Sie die Teile dann als fortlaufenden Fries am Fenster, und bevölkern Sie diesen nach Geschmack mit vielen Pinguinfamilien. Wenn Sie genügend Schablonen vorbereiten, kann an dieser Arbeit eine größere Anzahl Kinder teilnehmen.

Schneemann mit Gipsbein

Motiv V

Material
1 Bogen Tonkarton in Weiß, Rest Tonkarton in Weiß, Tonpapier in Blau, Türkis, Braun, Orange, 1 Tube Deckweiß oder Tipp-Ex, Klebstoff

Werkzeug
Cutter, Tacker oder Büroklammern, Schere, schwarzer Filzstift, Pinsel

Ausführung
Schneiden Sie den Schneemann einmal aus Tonkarton, den Gipsfuß zweimal aus einem weißen Tonkartonrest aus. Alle farbigen Teile arbeiten Sie aus doppelt gelegtem Tonpapier der jeweiligen Farbe. Heften Sie die Teile für den Schal an allen Seiten gut mit einem Tacker oder mit Heftklammern zusammen. Dann schneiden Sie zuerst das Muster, zuletzt den äußeren Rand aus. Entfernen Sie die auf dem Vorlagenbogen markierten Flächen der Teile für den Stock, und kleben Sie die geraden Teile sich deckend zwischen Hand und Fuß und die Teile für den Griff, ebenfalls deckungsgleich, auf den Arm. Zeichnen Sie mit schwarzem Filzstift eine Handlinie zwischen diese Teile. Passen Sie den Schal und den Gipsfuß, der am klobigeren Fuß sitzen soll, erst einmal ohne Klebstoff an. Wenn Sie die Teile in der richtigen Position haben, heben Sie vorsichtig einzelne Ecken und kleben diese fest. Dabei deckt der Gips den Klebeansatz des Stockes zu. Kleben Sie nun die jeweils anderen Teile von Schal und Gipsfuß an. Achten Sie bei Lichteinfall darauf, daß die Teile wirklich deckungsgleich übereinander liegen. Kleben Sie die Nase und die Mütze mit den Mützenbändern nach der gleichen Vorgehensweise auf. Zeichnen Sie mit einem schwarzen Filzstift Augen, Mund, Armrundungen und Gipsbinden auf einer Seite des Fensterbildes auf. Halten Sie nun den Schneemann an die Fensterscheibe. Dort können Sie mit einem Bleistift diese Linien so nachzeichnen, daß sie deckungsgleich sind. Ziehen Sie die Bleistiftlinien mit schwarzem Filzstift nach. Die Augen können Sie, wie bei den *Schneemännern auf Erkundungstour* (siehe Seite 60!) beschrieben, gestalten.

Lustige Schneemannfamilie

Motiv W, W1 - 10, s. Seite 62!

Material
1 Bogen Tonkarton in Weiß, Tonpapier in Schwarz, Rot, Orange, 1 Tube Deckweiß oder Tipp-Ex, Klebstoff

Werkzeug
Cutter, Schere, schwarzer Filzstift, Pinsel

Ausführung
Schneiden Sie die Vorlage für die Schneemannfamilie aus einem weißen Bogen Tonkarton aus. Alle farbigen Teile arbeiten Sie aus doppelt gelegtem Tonpapier in der jeweiligen Farbe.
Fangen Sie beim Dekorieren des Fensterbildes mit der Mutter an. Auf ihren Kopf ist das Kopftuch zugeschnitten. Kleben Sie nun alle anderen Teile wie Hüte, Karottennasen, Schal und Fliege deckungsgleich an die dafür vorgesehenen Stellen, wie Sie es der Abbildung entnehmen können. Zeichnen Sie Augen, Münder, Knöpfe und Körperlinien mit einem schwarzen Filzstift. Halten Sie das Fensterbild an eine Fensterscheibe, und markieren Sie dort mit Lichteinfall auf der anderen Seite die Position der zu zeichnenden Filzstiftlinien mit Bleistift vor. Dann ziehen Sie diese Linien mit schwarzem Filzstift nach. Die Augen zeichnen Sie, wie bei den *Schneemännern auf Erkundungstour* (siehe Seite 60!) beschrieben, ein.

Schneemänner auf Erkundungstour

Motiv Z, Z1 - 11, s. Seite 63!

Material
1 Bogen Tonkarton in Weiß, Tonpapier in Blau, Rot, Orange, 1 Tube Deckweiß oder Tipp-Ex, Klebstoff

Werkzeug
Cutter, Schere, schwarzer Filzstift, Pinsel

Ausführung
Schneiden Sie das Fensterbild aus einem weißen Bogen Tonkarton aus. Alle farbigen Teile werden aus doppelt gelegtem Tonpapier geschnitten. Versuchen Sie dabei, für die Mütze des hängenden Schneemanns zwei sehr ähnliche Rottöne zu finden, damit sich Mützenrand und Bommel besser abheben. Den aufgesetzten Arm des knieenden Schneemanns schneiden Sie zweimal aus einem Rest des weißen Tonkartons aus. Beginnen Sie beim Aufkleben mit der Nase des unteren Schneemanns. Die Nase muß, ebenso wie der Schal, unter der Mütze verschwinden. Vervollständigen Sie diesen Schneemann dann mit Mützenrand, Bommel und Streifen für den Schal.

Beim oberen Schneemann kleben Sie erst die Armteile beidseitig deckend auf, darüber dann die Schleife aus rotem Tonpapier. Ergänzen Sie den Hut durch ein Hutband aus rotem, die Nase und die Knöpfe aus orangefarbenem und blauem Tonpapier. Kontrollieren Sie den deckungsgleichen Sitz der Teile beim Aufkleben, indem Sie das Fensterbild vor das Licht halten!

Zeichnen Sie mit einem schwarzen Filzstift die Augen und den Mund ein. Dabei können Sie in den Pupillen einen winzigen Fleck des weißen Tonkartons freilassen oder diesen Glanzpunkt, der den Blick lebendiger macht, mit Deckweiß oder Tipp-Ex auftupfen. Zeichnen Sie die Augen auf der Rückseite erst mit Bleistift bei Lichteinfall vor, bevor Sie diese mit schwarzem Filzstift ausmalen. Eventuell überstehende winzige Ecken können Sie nach dem Festkleben mit dem Cutter ausgleichen.

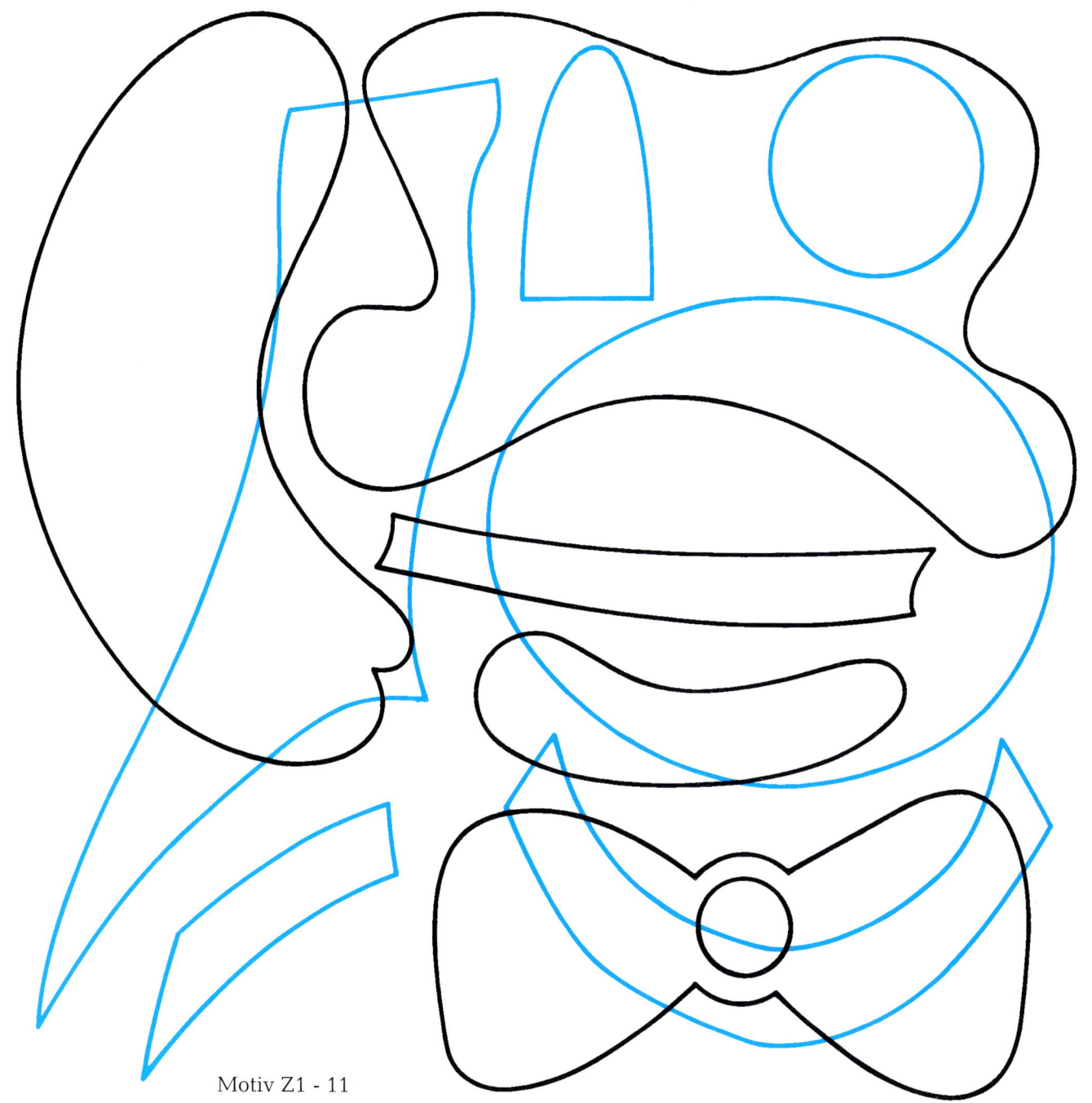

Motiv Z1 - 11

Eva Rüscher ist 1947 in Gummersbach im Oberbergischen Land (Nordrhein-Westfalen) geboren. Sie ist ausgebildete Kunst- und Werklehrerin und arbeitet seit fast zwanzig Jahren in diesem Beruf. Sie unterrichtet an der Realschule in Höxter und gibt Bastelkurse für Jugendliche und Erwachsene.

© 1994 Christophorus-Verlag GmbH
Freiburg im Breisgau

Alle Rechte vorbehalten –
Printed in Germany

ISBN 3-419-53541-4

2. Auflage 1995

Styling und Fotos:
Peter Nielsen, Umkirch
Reinzeichnungen:
Anne Marie Friedel
Umschlaggestaltung:
Michael Wiesinger
Reproduktionen:
Scan-Studio Hofmann, Gundelfingen
Herstellung:
Konkordia Druck GmbH, Bühl (Baden) 1995